Thomas Diefenbach

I0013873

Qualitätsmanagement in Dienstleistungsunternehmen

Thomas Diefenbach

Qualitätsmanagement in Dienstleistungsunternehmen

GRIN Verlag

Bibliografische Information der Deutschen Nationalbibliothek: Die Deutsche Bibliothek
verzeichnet diese Publikation in der Deutschen Nationalbibliografie; detaillierte bibliografische Daten sind im Internet über http://dnb.d-nb.de/ abrufbar.

1. Auflage 2010
Copyright © 2010 GRIN Verlag
http://www.grin.com/
Druck und Bindung: Books on Demand GmbH, Norderstedt Germany
ISBN 978-3-640-80799-4

der Bundeswehr
Universität München

Qualitätsmanagement in Dienstleistungsunternehmen

Bachelorarbeit von
Thomas Diefenbach

Abgabedatum: 07.01.2010

Universität der Bundeswehr München
Fakultät für Wirtschafts- und Organisationswissenschaften

Inhaltsverzeichnis

1 Einleitung

Diese Arbeit behandelt das Qualitätsmanagement für Dienstleistungen. Obwohl Qualitätsbewusstsein schon immer ein Teil von Zivilisation gewesen ist und auch die jüngste Geschichte des Qualitäts*managements* weit in das Zeitalter der industriellen Revolution zurückreicht (vgl. Masing/Pfeifer/Schmitt 2007: S. 16), ist es aufgrund nachfolgend aufgeführter Gründe sinnvoll zu untersuchen, ob die aktuellen qualitätsbezogenen Überlegungen und Systeme in Theorie und Praxis den Besonderheiten des Dienstleistungsbereichs gerecht werden.

1.1 Aufbau der Arbeit

Im Sinne einer wissenschaftlichen Vorgehensweise wird dazu zuerst in diesem einführenden Kapitel die zugrunde liegende *Problematik* erläutert und in zentralen *Forschungsfragen* ausgedrückt. Diese dienen als Grundlage für eine zielgerichtete Verarbeitung der Aufgabenstellung und werden im weiteren Vorgehen schrittweise untersucht. Dabei wird der Theorieteil der Arbeit im zweiten Kapitel *Qualitätsmanagement und Dienstleistungen* zunächst einen Überblick über die Begrifflichkeiten und die geschichtliche Entwicklung geben, sowie die Besonderheiten von Dienstleistungen explizit hervorheben. Im praktischen Teil des dritten Kapitels *Qualitätsmanagement für Dienstleistungen* werden anhand der festgestellten Besonderheiten die veränderten und zusätzlichen Anforderungen an entsprechende Qualitätsmanagementsysteme aufgestellt. Diese dienen hingegen als Basis für die anschließenden konzeptionellen Überlegungen, wie ein Qualitätskonzept demnach ausgestaltet werden sollte bzw. welche wesentlichen Bausteine dafür notwendig sind. Die Arbeit soll demnach nicht nur dem Anspruch einer wissenschaftlichen Vorgehensweise der zu untersuchenden Thematik und Fragestellung genügen, sondern schließlich auch konkrete und logisch nachvollziehbare Schwerpunkte beim Umgang mit Dienstleis-

tungsprodukten definieren und - zumindest im Ansatz - Lösungsvorschläge für eine sinnvolle Ausgestaltung dieser bieten. Im *Fazit* werden die Ergebnisse der Untersuchung kurz resümiert.

1.2 Problemstellung

Dienstleistungen wurden lange Zeit in der volks- und betriebswirtschaftlichen Theorie vernachlässigt. Dies ist auf die lange Zeit vorherrschende Meinung zurückzuführen, dass ausschließlich materielle Güter die Bedürfnisse der Subjekte in einer Marktwirtschaft befriedigen können bzw. ausschließlich bei materiellen Endprodukten überhaupt von *produktiver* Arbeit gesprochen werden könne (vgl. Corsten 2007: S. 19). Der Fokus der allgemeinen Betriebswirtschaftslehre wurde so auf Unternehmungen der physischen Produktion gelegt und die Erforschung der analog existierenden Dienstleistungsproduktion zeitweise und - angesichts der auffälligen Heterogenität dieses Wirtschaftssektors - spezifisch versäumt, sodass bis heute nicht einmal einheitliche Begriffsbestimmungen existieren (vgl. Maleri/Frietzsche 2008: S. 4 u. Haller 2001: S. 5).

Der Dienstleistungssektor erlebt außerdem seit mehreren Jahrzehnten einen deutlichen Aufschwung in der zunehmend globalisierten und ökonomischen Welt (vgl. Haller 2001: S. 1 u. Corsten 2007: S. 1ff.). Es wurde also nicht nur ein Wirtschaftssektor in der Forschung weitgehend ausgeklammert, welcher in der Regel den Höhepunkt seiner individuellen Betrachtung in den Standardwerken während der einleitenden Unterteilungen der Wirtschaftszweige erfährt (vgl. Wöhe 2002: S. 15 u. Maleri/Frietzsche 2008: S. 1), sondern eine ganze Entwicklung mit ihren Auswirkungen übersehen. Im Bereich der Produktqualität führte dies zur offensichtlichen Konsequenz, dass angesichts Diskussionen um *Servicewüsten* in Dienstleistungsunternehmen ein Nachholbedarf im Bereich des Qualitätsmanagements vorliegt (vgl. Bruhn 2009: S. 6).

Die Entwicklung und Anpassung von grundlegenden und weiterführenden Theorien und Konzepten im Bereich der Dienstleistungen entspricht also nicht einem äquivalenten Niveau wie bei den klassischen Produktionszweigen. Der Bedarf ergibt sich hierbei jedoch aufgrund der teilweise deutlich zunehmenden Bedeutung der betroffenen Wirtschaftszweige (i.e. Handel, Banken, Versicherungsgesellschaften, Verkehr, Gaststättengewerbe, Beratungs- und Gesundheitswesen, Unterricht, Kunst, Unterhaltung und Sport (vgl. Maleri/Frietzsche 2008: S. 11)) wie von selbst, sodass die Forschung in diesem Bereich intensiviert werden muss.

Ein Beispiel hierfür ist mit Sicherheit die nach den Paragraphen §135a und §136 im Sozialgesetzbuch Teil V ab 01.01.2010 geltende neue Verpflichtung zum Qualitätsmanagement nun-

mehr sogar in Arztpraxen, welche so den bereits verpflichteten Kliniken und Versorgungszentren nachziehen müssen. Die Stiftung Warentest bemängelt hierbei in einem Test von vier bundesweit in Arztpraxen eingesetzten Systemen die nur rudimentäre Anpassung an die entsprechenden Anforderungen vor Ort, sodass z.b. die Aufklärung der Patienten über ihren gesundheitlichen Zustand und die darauf aufbauenden möglichen Behandlungsmethoden mit Vor- und Nachteilen bei allen Systemen unberücksichtigt bleibt (vgl. Stiftung Warentest 2009: S. 87).

Eine deutliche Vorstellung der eigentlichen Qualität eines Wirtschaftsguts ist die zwingende Voraussetzung, um ein folgerichtiges Qualitätsmanagement davon ableiten zu können. Demnach ist die Untersuchung der veränderten und neuen Qualitätsdimensionen eines Dienstleistungsprodukts im Vergleich zu einem materiellen Produkt der Ausgangspunkt der Untersuchungen. Der genaue Verlauf ist den nachfolgenden Forschungsfragen zu entnehmen.

1.3 Forschungsfragen

Um dem Anspruch eines adäquaten Qualitätsmanagementsystems für Dienstleistungsunternehmen gerecht zu werden, bedarf es der Lösung folgender zentraler Forschungfragen, die in den weiteren Kapiteln schrittweise ausgewertet werden und logisch aufeinander aufbauen:

1. Was unterscheidet Dienstleistungen von klassischen Produkten?

2. Welche Unterschiede sind für das Qualitätsmanagement von Bedeutung?

3. Welche neuen Qualitätsdimensionen bei Dienstleistungen sind zu beachten?

4. Wie sind sämtliche Anforderungen an das Qualitätsmanagement zu priorisieren?

5. Ist es möglich ein bestehendes Qualitätsmanagementsystem an die neuen Anforderungen anzupassen oder bedarf es einer Neukonzeption speziell für Dienstleistungsunternehmen?

2 Qualitätsmanagement und Dienstleistungen

In diesem Kapitel werden die wesentlichen theoretischen Grundlagen der Thematik eingeführt, erklärt und voneinander abgegrenzt. Die Absicht ist dabei dem Leser die ausschlaggebenden Unterschiede zum Dienstleistungsprodukt aufzuzeigen und ihn so in Vorbereitung auf das anschließende Kapitel zu sensibilisieren. Ebenfalls wird Qualitätsmanagement insofern eingeführt, indem die bisherige Entwicklung und moderne Methoden vorgestellt werden, und zuletzt auch die Notwendigkeit einer dienstleistungsspezifischen Anpassung verdeutlicht wird.

Obgleich es bei der Thematik an Literatur nicht mangelt und gleichzeitig die Erforschung in den Bereichen mittlerweile sehr aktiv ist, bergen diese Umstände auch Erschwernisse. Aufgrund der teilweise rasanten Entwicklung ohne bereits fest etabliertes Vokabular, ist es zu Beginn sehr mühsam einen Überblick über den aktuellen Stand der Forschung zu gewinnen. Ähnliche und gleiche Begriffe, welche aber aufgrund unterschiedlicher Erscheinungsjahre und Autoren semantisch differieren oder auch verschiedene Methoden und Konzepte, deren Alleinstellungsmerkmale sich erst nach intensiverer Recherche offenbaren, erschweren das Verständnis. Der Schwerpunkt im folgenden Theorieteil liegt deswegen auf dem aktuellen Stand der Wissenschaft, während der geschichtliche Abriss nur als Hilfestellung für den Leser gedacht ist.

Folgende Auflistung der einzelnen Unterkapitel, welche Inhalt und logische Abfolge verdeutlicht, soll der Übersichtlichkeit der Struktur und Gegenstand des aktuellen Kapitels dienen.

- *Dienstleistungen*
  In diesem Unterkapitel wird der Begriff Dienstleistung mit Inhalt gefüllt, i.e. eine Definition, die wesentlichen Charakteristika und Unterschiede zu anderen Wirtschaftsgütern.

- *Qualitätsmanagement*
  Die Entwicklung des Qualitätsmanagements von Beginn des 20. Jahrhunderts bis heute sowie die verschiedenen Tendenzen des Qualitätsbewusstseins werden vorgestellt.

- *Qualität*
  Verschiedene Sichtweisen und Dimensionen der in der heutigen Zeit gebräuchlichen und somit *aktuellen* Qualitätsbegriffen werden kurz vorgestellt und verglichen.

- *Dienstleistungen und Sachgüter*
  Der vorherige Qualitätsbegriff für Sachgüter wird auf die Anwendbarkeit bei Dienstleistungsprodukten hin überprüft und dementsprechend ergänzt bzw. gekürzt.

2.1 Dienstleistungen

Dienstleistungen sind unter Einsatz externer Produktionsfaktoren für den fremden Bedarf produzierte immaterielle Wirtschaftsgüter. Bei der in der Volkswirtschaftslehre gängigen sektoralen Gliederung stellen Dienstleistungen die tertiäre Art der Produktion dar, welche sich von der Urproduktion (Land- und Forstwirtschaft sowie Jagd und Fischerei) im primären Sektor und der ver- und bearbeitenden Sachgüterproduktion im sekundären Sektor im Wesentlichen durch den Einsatz der Produktionsfaktoren unterscheiden, da es nicht zum Einsatz eines betriebsinternen Produktionsfaktors *Rohstoff* kommt (vgl. Maleri/Frietzsche 2008: S. 5, 11ff.).

Diese weit gefasste Definition von Dienstleistungen vereint Wirtschaftsgüter aus den unterschiedlichsten Wirschaftsbereichen und Branchen, welche vom einfachen Haarschnitt bis hin zur lebensbegleitenden Berufsunfähigkeitsversicherung reichen, wie der Aufzählung auf Seite 6 zu entnehmen ist. Schon an dieser Stelle wird deutlich, dass dienstleistungsangepasste Theorien und Konzepte nur sehr allgemein und abstrakt gehalten werden können, da die Vielfältigkeit von Dienstleistungen eine detaillierte Sicht ohne vorherige gegenseitige Abgrenzung und Systematisierung einzelner Merkmale nicht zulässt (vgl. Corsten 2007: S. 31ff.).

Obgleich Dienstleistungen wie Handel oder Transport als Begleiterscheinung anderer Produktionsformen sowie auch andere reine Dienstleistungsgewerbe schon immer ein Teil der geschichtlichen Entwicklung der Produktionswissenschaften gewesen sind, ist eine Anerkennung dieser Leistungen als wertschöpfender Beitrag erst sehr spät erfolgt. Erst zu Beginn des 19. Jahrhunderts wurde der Mehrwert einer Sache von der nutzenstiftenden Eigenschaft für den jeweiligen Anwender und dessen Bedürfnisbefriedigung abhängig gemacht und so von der klassischen Betrachtung eines materiellen Zuwachses des Eigentums auf die Leistungen *immaterieller* Natur ausgeweitet. Somit wurde der Produktionsbegriff *entmaterialisiert* (vgl. Rück 2000: S. 72).

Neben der Immaterialität gibt es jedoch noch weitere ausschlaggebende Kriterien, die für eine Dienstleistung gleichwohl charakterisierend wie auch erforderlich sind. So muss eine Dienstleistung im wirtschaftswissenschaftlichen Sinne zwingend für den fremden Bedarf produziert werden, um so ein Dienstleistungsprodukt von anderen unternehmensinternen Leistungen und Abläufen abgrenzen zu können. Durch diese bedarfsbezogene Produktion wird ebenfalls deutlich, dass Dienstleistungen nicht wie andere Güter auf Vorrat produziert werden können. Noch deutlicher wird der Unterschied zur Sachgüterproduktion bei Betrachtung der eigentlichen Leistungspflicht des Dienstleistungsunternehmens. Die vorwiegend rechtliche Regelung betrachtet als Dienstleistung die Verrichtung und nicht das Ergebnis einer Arbeit. Das Eintreten des erhofften Erfolgs beim Kunden als Absicht für den Vertragsabschluss ist damit jedoch unabhängig vom eigentlichen Produkt zu betrachten (vgl. Maleri/Frietzsche 2008: S. 5ff.).

An dieser Stelle sei darauf hingewiesen, dass aufgrund dieser Mehrdimensionalität von Dienstleistungen die bereits angesprochene sektorale Unterteilung der Volkswirtschaft nicht immer eindeutig ist. Zwar hat sich mittlerweile die Anschauung nahezu durchgesetzt, dass sämtliche immateriellen Wirtschaftsgüter dem dritten Sektor zuzusprechen sind, doch gibt es besonders infolge neuerer Entwicklungen ebenfalls Leistungsformen, welche zwar der immateriellen aber nicht der kundenbezogenen Eigenschaft von Dienstleistungen genüge tun, wie z.b. Software-Produkte. Ob die Einführung eines quartären Sektors dieses Problem hinreichend lösen könnte, ist Gegenstand aktueller Überlegungen in der Forschung (vgl. Maleri/Frietzsche 2008: S. 13).

Damit sind die wesentlichen Charakteristika von Dienstleistungen benannt und erläutert. Als für diese Arbeit wesentlichen Teil bedarf es jedoch noch der Feststellung und Erläuterung der qualitativen Aspekte von Dienstleistungen, die nach dem folgenden Kapitel im direkten Vergleich mit materiellen Produkten vorgestellt werden. Aus didaktischen Gründen erfolgt jedoch zunächst die Einführung der Begriffe Qualitätsmanagement und Qualität im Allgemeinen.

2.2 Qualitätsmanagement

Qualität ist ein Wettbewerbsfaktor. Neben Kosten und Zeit ist Qualität heutzutage von hoher Bedeutung, um langfristige Kundenbeziehungen aufbauen und halten zu können (vgl. Pfeifer 2001: S. XXV). Die Qualität eines Produktes ist von mehreren Dimensionen abhängig, die an Ausprägung und Bedeutung zwischen verschiedenen Wirtschaftsgütern variieren können. Diese Definition ist sehr knapp gehalten, doch reicht sie an dieser Stelle aus, um die Anfänge des

Qualitätsmanagements verstehen zu können. Denn unabhängig von der detaillierten Interpretation des Qualitätsbegriffs, ist die für den Unternehmer wesentliche Eigenschaft die des Wettbewerbfaktors. Dieser Umstand hat sich auch in der geschichtlichen Entwicklung nicht geändert. Inwieweit jedoch das Konstrukt Qualität im letzten Jahrhundert im Laufe dieser Entwicklungsstufen mit Inhalt gefüllt wurde, wird im nächsten Kapitel genauer dargestellt.

Qualitätsmanagement ist der Oberbegriff aller Maßnahmen und Bestrebungen, um die Qualität der produzierten Waren eines Unternehmens zu verbessern (vgl. Pfeifer 2001: S. 50). In vielen Branchen ist Qualitätsmanagement bereits seit vielen Jahren gesetzlich vorgeschrieben und ein Fortschreiten dieser Entwicklung ist zu erwarten. Beispielhaft sollen nun die wesentlichen Meilensteine in der Geschichte des Qualitätsmanagements dem Leser näher gebracht werden.

Als logischer Beginn der Betrachtung sei hier die Zeitspanne der *Industrialisierung* gewählt. Es ist anzunehmen, dass in den vorangegangen gesellschaftlichen Epochen das notwendige Qualitätsbewusstsein für eine bestimmte Art der Produktion stets mit der Weitergabe des entsprechenden Handwerks fest verbunden war und erst durch die Einbindung von ungelernten Fabrikarbeitern in den Produktionsprozess eine unabhängige Qualitätssicherung notwendig wurde.

Das Verständnis um die Qualität eines Produkts fehlte zu dieser Zeit jedoch nicht nur im Produktionsprozess selbst, sondern war auch in der Betriebsführung nur sehr rudimentär ausgebildet. Im Glauben der Nachfrage des Marktes zu entsprechen, wurden die Produktionen ausschließlich auf Quantität ausgerichtet, während der Qualitätsaspekt eines Produktes nahezu unbeachtet blieb. Eine nähere Differenzierung der eigentlichen Kundenbedürfnisse fand zu Beginn des 20. Jahrhunderts deswegen noch nicht statt (vgl. Zollondz 2006: S. 85).

Trotzdem wird der Anfang des Qualitätsmanagements im *Taylorismus* gesehen, welcher bereits während der Jahrhundertwende in den Farbikhallen etabliert wurde. Frederick Winslow Taylor hatte keine direkten Absichten die Qualität der Produkte zu erhöhen, sondern versuchte Leistungssteigerungen in der Produktion zu erzielen. Taylor ging es dabei nicht um einzelne punktuelle Verbesserungen, sondern um die Reform des Unternehmens in seiner Gesamtheit. Durch die systematische Analyse der bestehenden Fertigungsstufen, gezielte Planung und Schulung der Mitarbeiter für kleine Teilaufgaben davon, sowie mit den anschließenden Umsetzung mit notwendigen Anreizsystemen sorgte er jedoch neben einer effizienteren Produktion nach quantitativen Maßstäben auch ganz automatisch für eine geringere Fehlerhäufigkeit. Obwohl aus heutiger Sicht der Begriff Taylorismus negativ konnotiert ist, darf man angesichts der jeweils sehr unterschiedlichen Rahmenbedingungen nicht verkennen, dass die theoretischen Grundlagen des *Scientific-Managements* von Taylor auch für moderne Qualitätsmanagementsysteme

weiterhin von Bedeutung sind. (vgl. Zollondz 2006: S. 60ff.). Man erkennt an diesem Beispiel ebenfalls gut, dass Qualität und Quantität keine konkurrierenden Größen sein müssen.

Auch die darauf folgenden nach den Firmengründern benannten Produktionsverfahren *Fordismus* und *Toyotismus* waren nicht aufgrund innovativer Erfindungen oder neuer Verfahren so bemerkenswert erfolgreich, sondern haben ihre neue Effizienz aus der zweckmäßigen Kombination und Verbesserung verfügbarer Technologien gewinnen können. Während jedoch im Taylorismus durch die genaue Einteilung der Arbeitsschritte die Produktion selbst beeinflußt wurde, haben die Autobauer Ford und speziell Toyota (*Kaizen*) bewiesen, dass auch die Anpassung von Verfahren rund um die Produktion zu Effizienzsteigerungen und geringeren Fehlerhäufigkeiten führen kann; dass ein gutes Qualitätsmanagement also wesentlich weiter reichen kann und muss, als nur auf das jeweilige Produkt bezogen. Eine funktionierende Sozialpartnerschaft zu den Arbeitnehmern für Umsetzung und vor allem auch Mitgestaltung der Qualitätsbestrebungen, sowie Kostenreduktionen ohne Qualitätseinbußen im Produktionsablauf sind ebenfalls erstrebenswerte Bestandteile im Qualitätsmanagement (vgl. Zollondz 2006: S. 71ff.).

Einen mathematischen Beitrag zur Qualitätssicherung lieferte Walter A. Shewhart im Jahr 1931. Durch das Erheben von Stichproben über den gesamten Produktionsprozess verteilt, war es erstmals möglich bereits einzelne Fertigungsstufen statt ausschließlich das fertige Endprodukt qualitativ auszuwerten. Technische Erzeugnisse sind in den seltensten Fällen genau gleich, sondern streuen in einem gewissen Bereich. Die Ursachen dafür werden unter der Bezeichnung *5 M* zusammengefasst, die für Mensch, Maschine, Methode, Material und Milieu steht (vgl. Timischl 2007: S. 31). Durch die Erhebung von Stichproben innerhalb der Produktion können die beobachteten Mittelwerte mit den Sollwerten verglichen und der Produktionsprozess bei Bedarf direkt korrigiert werden. Erzeugnisse außerhalb der zulässigen Bereiche werden dabei sofort aus der Produktionslinie entfernt; dazu wird die obere bzw. untere Eingriffsgrenze überlicherweise durch die zulässige Standardabweichung Sigma (σ) definiert. Diese *Statistische Prozessregelung* ist heute eine weltweit eingesetzte Methode bei der Überwachung von Fertigungsprozessen zur Qualitätsprüfung und -sicherung (vgl. Zollondz 2006: S. 77f.).

Fortgeführt wurde diese Entwicklung von William Edwards Deming, einem Schüler Shewharts. Er erlangte nicht nur Popularität durch die Verbreitung der Lehren Shewharts, welche nach dem zweiten Weltkrieg durch ihn besonders in Japan auf eine breite Resonanz gestoßen sind, sondern wurde durch seine eigenen Theorien selbst zum Wirtschaftspionier. Deming entwickelte die prozessorientierte Sicht einer Unternehmung, setzte die Bedürfnisbefriedigung des Kunden an die Spitze des Qualitätsbegriffs und vertrat darüber hinaus noch völlig neue Grundsätze im

Managementverständnis. Ergebnisse seiner Arbeit waren die *Demingsche Reaktionskette*, der *Demingkreis* und die *14 Managementregeln* (mit Ergänzungen) (vgl. Zollondz 2006: S. 84ff.). Während die Statistische Prozessregelung Shewharts also auf eine gezielte Verbesserung der einzelnen Teilerzeugnisse in der Produktion abzielte, hat Deming eine Umorientierung des Managements gefordert und den Qualitätsbegriff eines Produkts allgemein erweitert.

Auch die Gleichsetzung von Qualität und Perfektion ist oftmals erfolgt. Die Statistische Prozessregelung wurde als Basis mehrerer Null-Fehler-Strategien übernommen und darin ausgebaut. Unabhängig vom Kostenaspekt - da die finanziellen Auswirkung von unerkannten Fehlern exponentiell im Entwicklungs- und Produktionsprozess ansteigen - sind diese Programme besonders für sicherheitsrelevante Branchen von besonderer Bedeutung. Nach den ersten Bestrebungen in dieser Richtung vom US-Verteidigungsministerium in den 60er Jahren, folgte in den 80er Jahren die Methodik Six Sigma (6σ) und wurde nach ersten Erfolgen im Konzern General Electric weltweit populär. Erneut steht hier das Sigma für die Standardabweichung und definiert hier eine zulässige Fehlerwahrscheinlichkeit von 3, $4ppm$ (vgl. Pfeifer 2001: S. 30ff.). Herkunft und Bezeichnung der Methode Six Sigma dürfen jedoch nicht darüber täuschen, dass die Möglichkeiten der enthaltenen Toolbox weit über die Qualitätssicherung in der Produktion hinaus läuft. Stattdessen wurden hier in einer der ersten Lösungen die Aspekte Verbesserung in Produktqualität und im Management sinnvoll vereint, so dass dieses Qualitätsmanagementsystem bis heute eingesetzt und weiterentwickelt wird; darunter auch im Dienstleistungssektor.

Dieser geschichtliche Abriss hat keinen Anspruch auf Vollständigkeit. Es wird jedoch deutlich, wie das Bewusstsein der Produktqualität und das dazugehörige Management teilweise unabhängig voneinander entwickelt und erst in jüngerer Geschichte zusammengeführt wurden.

Diese unterschiedlichen Perspektiven der Qualität in einem Unternehmen sind auch noch heute auszumachen. Bereits gegen Ende der 80er Jahre wurden auf Grundlage verschiedener nationaler Standards die ersten europäischen Normen für Qualitätssicherung von der *Internationalen Organisation für Normung* herausgegeben. Das Erfüllen der ISO-9000-Normenreihe ist heutzutage für Zulieferbetriebe in vielen Branchen nahezu eine Pflicht, um auf dem Markt anerkannt zu werden, und Zertifizierungen werden dementsprechend oft vorgenommen. Obgleich in diesen allgemeingültigen Normen keine branchen- oder produktbezogene Wegweiser stehen (können), sondern lediglich Gestaltungshinweise und allgemeine Forderungen an Qualitätsmanagementsysteme, ist die Ausrichtung des Qualitätsbegriffs hier trotzdem auf das fertige Produkt zu sehen. Da die Zertifizierungen als Aushängeschild des Unternehmens vermarktet werden, sind die inneren Zustände im Unternehmen deswegen nicht zwingend optimal, und die Bedeutung

für den jeweiligen Kunden oft höher als für den Mitarbeiter. Die Vielfalt an zu beachtenden Forderungen kann dabei sogar zu Effizienzminderungen führen, die im Sinne der Zertifizierung jedoch billigend in Kauf genommen werden (vgl. Pfeifer 2001: S. 70f.).

Im Kontrast dazu steht die Auffassung des Qualitätsmanagementbegriffs als *Unternehmensphilosophie*, wie sie durch intern ausgerichtete Methoden und Lösungen verfolgt wird und dadurch einen deutlichen Schritt weiter als die ISO-Normen geht. Neben Six Sigma ist hier der Oberbegriff *Total-Quality-Management* zu benennen. Unter dieser Überschrift finden sich sehr viele Beispiele für solche Konzepte wieder und eine genaue Abgrenzung untereinander ist oft auch gar nicht möglich. Übergreifend bleibt einzig der Anspruch zur Qualitätsorientierung des Managements, welcher schon aus Demings 14 Punkte-Programm beispielhaft deutlich wird (vgl. Bruhn 2009: S. 70f.). Aufgrund dieser Tatsache findet beim *TQM* auch keine externe Zertifizierung, sondern lediglich eine interne Selbstbewertung als Erfolgskontrolle statt.

Die Auswahl an solchen Qualitätsmanagementsystemen ist sehr groß und eine entsprechende Entscheidung sollte auf Basis einer bestmöglichen Anpassung an die vorherrschenden Bedürfnisse der jeweiligen Produktion getroffen werden. Welche Bedürfnisse und Anfordernisse dies bei Dienstleistungen im Allgemeinen und Speziellen sind und ob diese durch gängige Konzepte und Normen abgebildet werden, ist Gegenstand von Kapitel 3.

2.3 Qualität

Qualität ist in der ISO-Norm 9000 wie folgt definiert: „Vermögen einer Gesamtheit inhärenter Merkmale eines Produktes, Systems oder Prozesses, zur Erfüllung von Forderungen von Kunden und anderen interessierten Parteien." (DIN 2005). Es wurde bereits festgestellt, dass diese Definition besonders den Qualitätsanspruch aus Kundensicht unterstreicht, dementsprechend produktbezogen und zuletzt auch sehr eindimensional ist. Unabhängig von den weiteren Anforderungen an ein Qualitätsmanagement im Sinne einer Unternehmensphilosophie, benötigen wir auch an dieser Stelle für den nachfolgenden Vergleich von Produkten und Dienstleistungen einen expliziteren Qualitätsbegriff als er durch die ISO-Norm bereitgestellt wird. Verschiedene Spezifizierungen sind in der Literatur vorzufinden. Nach Thomas Perfi wäre eine Unterteilung nach *Protective Quality* und *Perceived Quality* möglich, welche wieder eine Unterteilung in objektive Merkmale und subjektive Empfindung verfolgt (vgl. Masing/Pfeifer/Schmitt 2007: S. 378ff.) und somit die ISO-Definition immerhin um eine rein technische Größe ergänzt. David

A. Garvin geht jedoch in der theoretischen Zerlegung des Qualitätsbegriffs noch weiter. Garvin hat in den 80er Jahren fünf *Sichtweisen* für die praktische Anwendung des Qualitätsbegriffs sowie acht *Dimensionen* der Produktqualität definiert. An dieser Stelle wird für das weitere Vorgehen Garvins Definition gewählt, da durch die Aufteilung in mehrere Qualitäts*bausteine* eine detaillierte Unterscheidung und Bewertung zwischen Sachgütern und Dienstleistungen ermöglicht werden. Die wesentlichen Merkmale der Qualitätssichtweisen und -dimensionen sind dabei die Folgenden (vgl. Kamiske/Brauer 2007: S. 178f.).

Die Sichtweisen unterscheiden sich dabei nicht nur in der jeweiligen Betrachtung eines einzelnen Aspekts des Produkts, sondern auch in der beurteilenden Personengruppe oder ausschlaggebenden Faktenlage. Die *prozessbezogene* Sichtweise zielt auf das Einhalten von Spezifizierungen und Normen ab. So ist jenes Produkt qualitativ hochwertiger, welches von den idealen Werten in der Produktion geringer abweicht. Es handelt sich also um eine technische und rein objektive Sichtweise; sie umfasst dabei sowohl interne Prozesse während der Fertigung als auch externe Prüfnormen, welche von Gesetzgebern oder privaten Organisationen herausgegeben werden können. Neben dieser teilweise durch die Statistische Prozessregelung berücksichtigten Sichtweise, ist auch die Erweiterung des Qualitätsbegriffs auf die Bedürfnisse des Kunden bereits im vorangegangen Kapitel erwähnt worden. Garvin wird diesem Qualitätsverständnis durch die *anwenderbezogene* Sichtweise gerecht, also eine rein subjektive Auslegung.

Ferner sind die *produktbezogene*, *transzendente* und *Preis-Nutzen-bezogene* Sichtweisen zu nennen. Während die Beurteilung des Endprodukts an festen Messgrößen, wie z.B. die Geschwindigkeit bei einem Automobil oder die Ganggenauigkeit bei einer Uhr, wieder einer sehr technischen Betrachtung - auf einzelne Merkmale des fertigen Produkts - entspricht, werden in der transzendenten Beurteilung alle anderen Einflüsse auf den Kunden zusammengefasst. Dies beinhaltet in erster Linie die persönliche Erfahrung und damit die individuelle Betrachtungsweise eines Produkts in der Gänze. Kommt diese sehr weite, umfassende und oft auch ausschlaggebende Qualitätssicht dem allgemeinen Verständnis vielleicht noch am nächsten, ist eine genaue Definition, Abgrenzung und Messung trotzdem kaum möglich, weshalb der wissenschaftliche Einfluss zu vernachlässigen ist. Die wertbezogene Sicht spiegelt das Preis-Leistungs-Verhältnis eines Produkts wider, welches jedoch individuell auch sehr stark differieren kann.

Die qualitativen Sichtweisen Garvins lassen sich aufgrund ihrer abstrakten Natur ebenso auf Dienstleistungen anwenden wie auf klassische Produkte, obgleich die Priorisierung für die Entscheidungsfindung eines Kunden im Vergleich doch verschieden sein kann. Da Dienstleistungs-

produkte stets auf den Produktionsfaktoren des Kunden aufbauen, ist es durchaus denkbar, dass in solchen Fälle subjektive Empfindungen objektiven Argumenten vorgezogen werden. Anders ist die Situation bei den Qualitätsdimensionen. Hier wird der Qualitätsbegriff in acht sehr griffige Elemente zerlegt, wodurch eine konkrete Einstufung von Produkten möglich wird. Garvin sieht diese klare Definition als notwendige Voraussetzung für ein strategisches Qualitätsmanagement, wie es auch mit dieser Arbeit verfolgt wird (vgl. Garvin 1988: S. 68). Er unterscheidet zwischen folgenden Eigenschaften eines Produkts: *Gebrauchsnutzen, Ausstattung, Zuverlässigkeit, Normgerechtigkeit, Haltbarkeit, Kundendienst, Ästhetik, Qualitätsimage.* Um Wiederholungen zu vermeiden, erfolgt die Erörterung dieser Begriffe im direkten Vergleich zwischen Dienstleistungsprodukten und materiellen Waren im nächsten Kapitel.

2.4 Dienstleistungen und Sachgüter

An dieser Stelle erfolgt ein direkter Vergleich zwischen materiellen Produkten und immateriellen Dienstleistungen. Dabei liegt der Schwerpunkt nicht auf einer vollständigen Gegenüberstellung sämtlicher Eigenschaften und Rahmenbedingungen, sondern ausschließlich auf der Herausarbeitung der für das Thema dieser Arbeit relevanten Unterschiede, welchen eine qualitative Bedeutung zu Teil kommt. Nach Überprüfen der jeweiligen Relevanz der acht Qualitätsdimensionen Garvins bei Dienstleistungen ist es ferner notwendig zu untersuchen, ob darüber hinaus noch weitere Eigenschaften für die Qualität einer Dienstleistung ausschlaggebend sein können.

Gebrauchsnutzen bezeichnet die wesentlichen Funktionsmerkmale eines Produkts, die dadurch den ausschlaggebenden Grund des Erwerbs für den Kunden bedeuten. Dabei ist nicht nur erheblich, ob z.b. ein Auto fahren kann, sondern auch wie es das letztendlich tut (i.e. Beschleunigung, Geschwindigkeit, Fahrkomfort), also dass die Art und Weise der Funktionserfüllung dem Wunsch des Kunden entspricht. Gute Qualität in diesem Sinne ist für den Kunden ergo ein Produkt, welches seiner Bestimmung entspricht und in dieser Eigenschaft auch dem Kunden individuell in der Art der Zweckerfüllung zusagt. Durch diesen subjektiven Anteil in der Mehr- oder Minderschätzung einzelner Merkmale ist auch verständlich, wieso die Rangordnung verschiedener Produkte trotz der messbaren Ausprägungen individuell auch unterschiedlich ausfallen kann, wenn z.B. Beschleunigung Endgeschwindigkeit vorgezogen wird und umgekehrt. Diese harten Fakten des Gebrauchsnutzen eines Produkts entsprechen bei Dienstleistungen etwa Wartezeit beim Frisör, Pünktlichkeit im Fernverkehr, Absicherung in einer Versicherung und andere direkt mit der gewünschten Leistungserfüllung in Bezug stehenden Eigenschaften.

Ausstattung umschreibt all jene sekundären Zusätze innerhalb eines Produkts, welche die notwendigen primären Funktionsmerkmale ergänzen. Der Übergang in der Wahrnehmung zwischen primärem Basisnutzen und sekundären Zusatzleistungen in einem Produkt ist dabei oft
fließend. Eine hohe Qualität haben für viele Kunden also jene Produkte, die über die wesentlichen Funktion hinaus sinnvolle und angenehmen Erweiterungen bieten, wie ein kostenloses
Getränk in einem Beratungsgespräch oder serienmäßige elektrische Fensterheber in einem Automobil. Wie beim Gebrauchsnutzen ist die Relevanz dieser Qualitätsdimension für den Kunden
bei beiden Formen der Materialität eines Produkts vorhanden.

Zuverlässigkeit spiegelt die Lebensdauer und Fehleranfälligkeit eines Produkts wider. Qualität
in diesem Sinne bedeutet die Sicherheit, dass ein Ausfall oder eine Störung unwahrscheinlicher
ist. Je nach Branche kann der Stellenwert dieser Dimension unmittelbar nach dem Gebrauchsnutzen an zweiter Stelle folgen, da ein Ausfall der Primärfunktion zu Verlusten vielerlei Art
führen kann. Für Dienstleistungen ist diese Betrachtung zu vernachlässigen, da hier Produktion
und Übertragung der Leistung gemäß dem *Uno-Actu-Prinzip* simultan stattfinden, und somit
auch die Dienstleistung unmittelbar *verbraucht* ist. Diese im genannten Prinzip fundierte feh-
lende Konservierbarkeit des Dienstleistungsprodukts ist einer der grundlegenden Unterschiede
zum materiellen Produkt (vgl. Maleri/Frietsche 2008: S. 177).

Mit *Normgerechtigkeit* ist die Erfüllung von sowohl externen als auch internen Normen in der
Produktion gemeint. Normen dieser Art müssen von den bisher angesprochenen Normen an ein
fertiges Produkt unterschieden werden; in diesem Fall geht es um Abweichungen und akzeptier-
te Toleranzbereiche von der zu Grunde liegenden Norm innerhalb der Produktion. Je strenger
gewisse Vorgaben der Sollwerte im Fertigungsprozess verfolgt werden, desto geringer fallen
davon abhängige Fehlerwahrscheinlichkeiten aus, weswegen die Qualität höher einzustufen ist.
Obgleich bei Dienstleistungen keine klassische Faktorkombination stattfindet, können auch in
diesem Bereich Normen für die Produktion vorliegen, z.B. für den Kundenkontakt.

Haltbarkeit ist eine der Zuverlässigkeit sehr ähnliche Qualitätsdimension. Jedoch ist in diesem
Fall die durchschnittliche Lebensdauer im normalen Gebrauch gemeint, welche trotz einer hohen Verlässlichkeit des Produkts einer unendlichen Nutzung im Wege steht. So besitzen alle
Produkte - von der Glühlampe bis zum Automobil gleichermaßen - statistische Erfahrungswer-
te zu Lebensdauer und mittleren Reparaturkosten, die nach einer gewissen Zeit oder Situation eine Neuanschaffung suggerieren. Da aber an dieser Stelle das Uno-Actu-Prinzip wie bei
der Zuverlässigkeit entsprechend Anwendung findet, ist diese Qualitätsform für Dienstleistungen ebenfalls nicht relevant. Es bleibt anzumerken, dass das Uno-Actu-Prinzip auch bei zeit-

lich ausgedehnten Dienstleistungen zutreffend ist, da selbst bei einem Versicherungsschutz die Dienstleistungsproduktion und die Übertragung weiterhin simultan stattfinden.

Kundendienst als Anspruch für Qualität ist selbstverständlich. Es zählen Kompetenz, Wartezeiten, Schnelligkeit und Umgangsformen, wenn ein Kunde bei gewünschtem oder ungewünschtem Kontakt mit dem Kundendienst weiterhin von der Qualität des Produkts überzeugt bleiben soll. Dies ist für beide betrachteten Produktarten von Bedeutung.

Unter *Ästhetik* werden alle Sinneswahrnehmungen eines Produkts beim Kunden zusammengefasst, welche je nach individuellen Vorlieben eher Befürwortung, Neutralität oder Abneigung erzeugen, so dass diese Qualitätsart in den seltensten Fällen bei allen Kunden identisch aufgefasst wird. Ob auch bei Dienstleistungen von Ästhetik gesprochen werden kann ist fraglich, da zwar kein Produkt in materieller Form vorliegt, aber der Kunde trotzdem ästhetische Faktoren während der Übertragung der Dienstleistung erfahren kann, z.b. das Interieur eines Zuges oder das Corporate Design einer Firma im Schriftwechsel oder bei einem Filialbesuch.

Qualitätsimage entspricht dem subjektiven Bild einer Firma, welches durch die eigenen und fremden Erfahrungen, Werbung und noch zahlreichen weiteren Einflüssen bei den Kunden individuell erzeugt wird. Hier spielt die Branche und Art der Produktion abermals keine Rolle, da der Vertragspartner als solches im Vordergrund der Betrachtung steht.

Über diese Facetten hinaus benennt Attila Oess noch vier weitere Merkmale, die bei Dienstleistungen jedoch nur sehr begrenzt anzuwenden sind und deswegen an dieser Stelle nicht weiter beachtet werden und nur der Vollständigkeit halber Erwähnung finden sollen. Dabei sind *Sicherheit* und *Güte* zwei Beurteilungskriterien für materielle Produkte, die oft durch entsprechende Kennzeichen und Gütesiegel bestätigt werden. Beide Merkmale beziehen sich auf sicherheitstechnische Aspekte von Geräten sowie bei zweiterem ebenfalls auf die Zusammensetzung der Rohstoffe. *Funktionstüchtigkeit* überschneidet sich sehr deutlich mit dem bereits benannten Faktor Gebrauchstauglichkeit und der Begriff *Umweltbewusstsein* zielt ebenfalls wieder auf produktionsbezogene Überlegungen ab, welche in der Dienstleistungsproduktion höchstens bei Begleiterscheinungen von Bedeutung sind (vgl. Oess 1991: S. 37ff.).

Als relevante Eigenschaften einer Dienstleistung sind also bisher der Gebrauchsnutzen und die Ausstattung als primäre und sekundäre Funktionsmerkmale, sowie Kundendienst und Qualitätsimage festzuhalten. Auch Normgerechtigkeit und Ästhetik sind in weitere Überlegungen miteinzubeziehen. Um weiteren Anforderungen speziell bei Dienstleistungen gerecht zu werden,

existieren mehrere Modelle. Bei einigen davon werden vor allem die Erwartungen und Erfahrungen des Kunden vor, während und nach einer Dienstleistung verglichen und somit der Versuch unternommen, die Qualitätswahrnehmung an sich zu erklären und als Maßstab zu nutzen. Die Wissenschaftler Berry, Parasuraman und Zeithaml haben stattdessen mit dem Instrument *Servqual* (Service & Qualität) weitere fünf zentrale Qualitätsdimensionen - *Tangibles, Reliability, Responsiveness, Assurance, Empathy* - eingeführt, welche sich als adäquate Ergänzungen der Produktdimensionen Garvins herausstellen (vgl. Maleri/Frietzsche 2008: S. 252f.).

Tangibles bezeichnet dabei das Wohlbefinden des Kunden im gesamten Umfeld der Dienstleistungsproduktion, also sowohl die Lokalitäten vor Ort (Architektur & Einrichtung) als auch die Bekleidung der Mitarbeiter. Es entspricht also jenen Eigenschaften, die vorher dem Ästhetikbegriff Garvins grob zugeordnet worden sind, sodass dieser nun vernachlässigt werden kann.

Reliability beschreibt die Verlässlichkeit des Dienstleisters, dass eine Dienstleistung auch in gewünschter Form erbracht wird. Auch hier wird der äquivalente Begriff Garvins, welcher in seiner ursprünglichen Form nicht auf Dienstleistungen anzuwenden ist, dementsprechend auf die eigentliche Leistungserbringung der Dienstleistung angepasst.

Unter *Responsiveness* wird die Reaktionsfähigkeit verstanden, mit der einem Kunden individuell mit einer Problemlösung geholfen werden kann. Diese Kundenfreundlichkeit äußert sich in der Bereitschaft und auch der letztendlichen Umsetzung der dazu notwendigen Anpassungen.

Assurance drückt die Kompetenz des Personals aus. Sie umfasst Höflichkeit, Wissen, Vertrauenswürdigkeit, sicheres Auftreten und weitere für eine gute Dienstleistungsproduktion notwendige Kriterien. Während bei Garvin allein dem Kundendienst besondere Beachtung geschenkt wird, ist durch diese Qualitätsdimension die Relevanz aller Mitarbeiter hervorgehoben.

Empathy als letzte Qualitätsdimension drückt eine besondere Eigenschaft der Mitarbeiter explizit aus. Hiermit ist die Empathie - also das Einfühlungsvermögen - des Personals gemeint, welche bei Kunden einen besonders hohen Stellenwert einnimmt, da nur durch Empathie das wahre Kundenbedürfnis erkannt und somit auch dementsprechend reagiert werden kann.

Es wird deutlich, dass neben der Anpassung der zwei ersten Begriffe auf den Dienstleistungskontext besonders die anderen drei neuen Dimensionen eine nützliche Erweiterung darstellen, die mit keinen Eigenschaften der klassischen Produktqualitäten zu vergleichen sind. Der Mitarbeiter steht als der Produzent der Dienstleistung im Vordergrund, sowie seine Fähigkeiten sich auf die Kundenbedürfnisse individuell einzurichten. Da Dienstleistungen keine Serienproduktion ermöglichen, ist jeder einzelnen Erstellung besondere Aufmerksamkeit zu widmen, welche

nicht allein durch Vorgaben und Zielsetzungen, sondern nur durch den letztlich ausführenden Mitarbeiter angemessen und zielführend bewerkstelligt werden kann.

Die Messung der Dienstleistungsqualität in diesem Modell erfolgt durch den Vergleich der Erwartungen und Wahrnehmungen der Nutzer vor und nach der Leistungserbringung. Diese Erhebungsmethode wird jedoch aufgrund der - durch die Verwendung der Doppelskala hervorgerufenen - Anfälligkeit für Verzerrungen häufig kritisiert, weswegen an dieser Stelle auf das objektiver realisierte *Servperf*-Verfahren (Service & Performance) verwiesen sei, welches die Kundenbefragung zur Qualitätsmessung nur bezüglich der tatsächlichen Qualitätswahrnehmungen im Nachhinein durchführt und somit eindimensional bleibt (vgl. Schmidt 2007: S. 105ff.).

Damit sind die Qualitätsdimensionen, die im nächsten Kapitel als Basis des Konzepts für ein ganzheitliches und strategisches Qualitätsmanagement dienen sollen, komplett. Gemäß der eigentlichen Dienstleistung im engerem Sinne als Gebrauchsnutzen und den kundenorientierten Qualitätsdimensionen als wesentliche Qualitätsmerkmale, wird folgende Priorisierung für die weitere Verwendung vorgeschlagen.

1. Gebrauchsnutzen

2. Einfühlungsvermögen

3. Kundenfreundlichkeit

4. Leistungskompetenz

5. Kundendienst

6. Ausstattung

7. Qualitätsimage

8. Äußeres Erscheinungsbild

9. Normgerechtigkeit

Eine weitere Erörterung folgt in Kapitel 3.2.

3 Qualitätsmanagement für Dienstleistungen

In diesem Kapitel erfolgt die praktische Untersuchung eines Qualitätsmanagements für Dienstleistungen. Nach einer kurzen inhaltlichen Ausformung des Konzeptbegriffs, erfolgt die Auseinandersetzung mit wesentlichen strategischen Fragestellungen eines Dienstleistungsunternehmens als Ausgangsbasis. Die daraus gewonnenen Erkenntnisse werden in die nachfolgenden Anforderungen für ein Qualitätsmanagement überführt und darauf basierend anhand zwei Beispielen Optimierungsmöglichkeiten aufgezeigt und mit Inhalt gefüllt.

Es folgt erneut eine Auflistung zur Veranschaulichung des Aufbaus des aktuellen Kapitels.

- *Konzepte*
  Dieses Unterkapitel dient der Klärung des Konzeptbegriffs und bietet darüber hinaus einen Überblick über aktuelle Konzepte des Qualitätsmanagements in Nutzung.

- *Strategische Überlegungen*
  Dieses Kapitel durchleuchtet die strategischen Voraussetzungen für die erfolgreiche Anwendung eines Qualitätsmanagementsystems, besonders bei Dienstleistungen.

- *Dienstleistungsspezifische Anforderungen*
  Es werden die grundlegenden Prinzipien der dienstleistungsspezifischen Besonderheiten für das Qualitätsmanagement aufgezeigt und eingeordnet.

- *Optimierungsmöglichkeiten*
  Anhand der Mitarbeiter- und Kundenzufriedenheit werden zwei Beispiele für Optimierungsmöglichkeiten im Rahmen der zuvorgenannten Prinzipien aufgezeigt und ausgefüllt.

- *Umsetzung und Controlling*
  In diesem Unterkapitel werden abschließend die Vorgehensweisen dargestellt, wie Qualitätsmanagement strategisch und operativ umgesetzt, eingeführt und überwacht wird.

3.1 Konzepte

Obgleich scheinbar keine wissenschaftliche Arbeit auf den Konzeptbegriff selbst verzichten kann, wird bei näherer Auseinandersetzung mit der semantischen Bedeutung erst die eigentliche Schwäche dieses Begriffs deutlich. Als Voraussetzung für eine Umsetzung dieses Kapitels wird also zuerst eine an Beispielen festgemachte Erläuterung des Begriffs für notwendig befunden.

Während in der themenbezogenen Literatur auf dererlei Verdeutlichungen oder Definitionen verzichtet wird, definiert die Brockhaus Enzyklopädie allgemein ein Konzept als einen *klar umrissenen Plan für ein Vorhaben*; die Wortwahl dabei wirkt jedoch so absolut, dass es in diesem Falle nur abstrakt gelten *kann*, da der notwendigen Flexibilität, auf Veränderungen zeitnah reagieren zu können, besonders im Qualitätsmanagement eine hohe Bedeutung zugemessen wird und deswegen eine feste und unveränderliche Interpretation des Konzeptbegriffs an dieser Stelle nicht möglich ist (vgl. Brockhaus Enzyklopädie 1990).

Ein Konzept für ein Qualitätsmanagement sollte also dem Anspruch genügen, dem einführenden Unternehmen eine strategische Ausrichtung in Form eines klar umrissenen und vollständigen Plans vorzugeben - und demenstprechend als allumfassendes Ziel auch der Forderung einer erfolgsversprechenden Unternehmens*philosophie* gerecht werden - aber im Bereich der Methodik und Wahl der Instrumente auf operativer und taktischer Ebene die situationsangepassten Beurteilungen und Entschlüsse der in Verantwortung stehenden Entscheider in den Vordergrund zu stellen. Letzterem wird eine noch größere Bedeutung zu Teil, wenn differierende Kundenbedürfnisse oder eben der große tertiäre Sektor an sich ein entsprechend hohes Maß an Flexibilität dem Unternehmen abfordert, so dass keine tiefer gegliederten und allgemein richtige Handlungsanweisungen möglich sind. Ein Konzept kann demnach nie die Entscheider ersetzen.

Aktuelle Qualitätskonzepte zur Umsetzung strategischen Qualitätsmanagements sind dabei im Aufbau meist sehr ähnlich und geben zunächst Vorgehensmodelle vor, nach welchen der Prozess zur Qualitätsoptimierung durchlaufen werden soll. So beschreiben die Kernprozesse *DMAIC* (Define, Measure, Analyse, Improve & Control) und *DMADV* (Define, Measure, Analyse, Design & Verify) im System Six Sigma die einzelnen Phasen, um ein bestehendes oder neues Produkt auf das gewünschte Leistungsniveau hin zu optmieren (vgl. Töpfer 2004: S. 11). Darüber hinaus sind auch zyklische Vorgehensmodelle in der Verwendung, wie z.B. der Demingkreis, dessen Bezeichung sich aus dem Namen des Ökonomen ergibt. Dieser *PDCA-Zyklus* (Plan, Do, Check & Act) ist dabei im Ursprung ein iterativer Problemlösungsprozess, welcher den Kern

des *Kontinuierlichen Verbesserungsprozesses* sowie dem japanischen Äquivalent *Kaizen* dar-stellt (vgl. Zollondz 2001: S. 407). Waren der KVP und Kaizen anfänglich nur in der Automo-bilproduktion vertreten, haben sich diese beiden Methoden mit dem Demingkreis im Zentrum mittlerweile über viele weitere Branchen etablieren können (vgl. Kostka 2007: S. 9f.).

Über den KVP und Six Sigma hinaus sind weitere Konzepte die ISO-9000-Normenreihe, Total-Quality-Management im Allgemeinen sowie das EFQM-Modell der *European Foundation for Quality Management* als eine besondere Ausprägung des TQM. Es ist nun zu prüfen, in wie weit diese Qualitätsmanagementsysteme den folgenden strategischen Überlegungen sowie den daraus resultierenden besonderen Anforderungen für eine hohe Dienstleistungsqualität genügen können und in welchen Bereichen bzw. auf welche Art und Weise Veränderungen dafür notwen-dig sind. An dieser Stelle wird jedoch bereits deutlich, dass zusätzliche oder veränderte Anfor-derungen in der Regel *kein* komplett neues Konzept erfordern dürften. Die erwähnten Konzepte sind mitunter Ergebnisse jahrzehntelanger Entwicklungen und die Unternehmenslandschaft ist bereits heute dadurch entsprechend geprägt. Es ist also von größerem Interesse festzustellen, innerhalb welcher Bereiche eine Anpassung notwendig ist und welche Möglichkeiten zur Op-timierung bestehen, um so ein bestehendes Konzept als funktionierende Basis beizubehalten. Dadurch ist es möglich die weitreichende Entwicklung und Erforschung der Qualitätsbaustei-ne für die Prozesse im Unternehmen, welche trotz unterschiedlicher Produktionsarten keinen signifikanten Unterschieden unterliegen, zu nutzen. Für die Feststellung der dienstleistungsspe-zifischen Anforderungen und dem daraus abgeleiteten Anpassungsbedarf, ist vorher jedoch die Untersuchung der folgenden strategischen Fragestellungen notwendig.

3.2 Strategische Überlegungen

Im Kapitel 2.4 wurden die neun Qualitätsdimensionen von Dienstleistungsprodukten heraus-gearbeitet. Dementsprechend ist es einem Unternehmen also möglich, mindestens in neun ver-schiedene Richtungen Dienstleistungen hin zu optimieren. Obgleich bei Bestrebungen für eine bestimmte Qualitätsdimension in der tatsächlichen Wirkung Überschneidungen oder Nebenef-fekte zu oder in den Bereichen anderer Aspekte auftreten können, steht in der Regel ein be-stimmtes Ziel der Maßnahme im Vordergrund; also wird einer Qualitätsdimension eine rela-tiv höhere Bedeutung zugesprochen. Eine entsprechend vorgenommene Priorisierung einzelner Qualitätsaspekte ist maßgeblich von der Unternehmensstrategie abhängig, also wie im Rahmen des Wettbewerbs der Marktanteil für das eigene Produkt gesichert werden soll.

Der Ökonom Michael Porter definiert dazu drei unterschiedliche Wettbewerbsstrategien, welche drei rundum verschiedene Wege zum gemeinsamen Ziel des maximalen Unternehmensgewinns bieten sollen. Diese sind die *Umfassende Kostenführerschaft*, die *Differenzierung* sowie die *Konzentration auf Schwerpunkte*. Porter stellt dabei gleichzeitig fest, dass nur die Verfolgung eines einzigen Strategietypens in der Regel zielführend ist, da ansonsten die notwendige umfassende Ausrichtung und Organisation der Unternehmenstätigkeit zum *Verwässern* neigt und man demnach an Einfluss auf dem Markt verlieren kann (vgl. Porter 2008: S. 71f.).

Äquivalent zu der *Entscheidung* einer umfassenden Unternehmensstrategie, wie etwa dem Beschluss qualitativ möglichst hochwertig statt besonders günstig zu produzieren, wird in dieser Arbeit *auch* die Entscheidung und entsprechende Ausrichtung des Unternehmens für die eine oder andere Qualitätsdimension bzw. Gruppe von Qualitätsdimensionen gesehen!

Unternehmen, die ein Qualitätsmanagementsystem einführen, haben für gewöhnlich die Entscheidung zugunsten der Differenzierungsstrategie (bzw. der Konzentration auf Marktnischen) bereits gefällt, weswegen diese Fragestellung in den folgenden zwei Absätzen auch nur angerissen und in der Zweckmäßigkeit bestätigt werden soll. Ob unternehmensinterne Entscheidungen oder gesetzliche Verpflichtungen diesen dementsprechend mehr oder weniger freiwilligen Beschluss ausgelöst haben, ist dabei für die Betrachtung der Auswirkungen nicht von Relevanz. Ob und inwiefern jedoch Schwerpunkte innerhalb der mehrdimensionalen Qualitätsbetrachtung gesetzt werden, ist zu dem Zeitpunkt der Strategieentscheidung noch nicht ausreichend geklärt und bedarf tiefergreifender Überlegungen. Obwohl anzunehmen ist, dass durch die Vielfältigkeit an Branchen und Produktarten im Dienstleistungssektor eine pauschale Hypothese der richtigen Schwerpunktbildung mit Sicherheit durch Gegenbeispiele aus einzelnen Sparten widerlegt werden könnte, soll in dieser Arbeit jedoch ein konkreter Ansatz der Schwerpunktbildung verfolgt werden, welcher durch eine abstrakte Betrachtung der Beziehung zwischen Unternehmen und Kunde einem möglichst weiten Geltungsbereich genügen soll.

Vor dieser Überlegung jedoch noch die ausstehende Argumentation, weshalb für Dienstleistungsunternehmen die Strategie der Differenzierung mittel- und langfristig gesehen erfolgsversprechender erscheint. Es ist nicht zu verkennen, dass die *Umfassende Kostenführerschaft* sowohl in Theorie als auch Praxis aus der Wirtschaft nicht wegzudenken ist und dieser Strategietyp scheinbar gerade durch die zunehmende Globalisierung und Anbindung an günstige Produktionsstandorte nahezu stetig an Bedeutung gewinnt und auch gerade deshalb als Bedrohung für die klassischen Industriestaaten wächst. Es ist zwar nicht die große Gefahr für sämtliche örtliche Dienstleistungsunternehmen gegen objektiv unschlagbare Kostenvorteile aus ex-

portierenden Schwellenländern bestehen zu müssen - derartige Szenarien sind nur in einzelnen speziellen oder globalen Branchen, wie z.b. Transport auf hoher See, denkbar - dennoch ist der Strategietyp aufgrund des personen- bzw. sachbezogenen Verrichtungscharakters von Dienstleistungen für diesen Wirtschaftssektor ungeeignet! Dienstleistungen haben stets einen direkten Einfluss auf die schützenswerten Güter des Kunden, sodass dessen Toleranz für Mängel oder Beschädigungen als Folge von Kosteneinsparungen in der Produktion entsprechend niedriger einzuschätzen ist. Die Unmöglichkeit einer Qualitätskontrolle zum Ende der Dienstleistungsproduktion bekräftigt dieses Argument noch, da ein Fehler oft noch vor der Möglichkeit Abhilfe schaffen zu können bereits vom Kunden bemerkt wurde. Selbst wenn durch Minimierung der Wettbewerbsfaktoren Kosten und Zeit die Ertragslage eines Unternehmens also dank dieser auf dem *ökonomischen Prinzip* basierenden Strategie kurzfristig gesteigert werden kann, ist im weiteren zeitlichen Verlauf mit einem Rückgang der Kundenbeziehungen zu rechnen, welcher durch eine mangelnde Kundenzufriedenheit ausgelöst werden kann (vgl. Kaiser 2005: S. 41).

Die *Differenzierungsstrategie* dagegen zielt darauf ab, ein Produkt auf einer oder mehreren Ebenen vom restlichen Markt abzugrenzen, um auf diese Weise mit alternativen Kaufargumenten dem Kostendruck der Konkurrenz gegenübertreten zu können (vgl. Porter 2008: S. 74f.). Gerade bei Dienstleistungen ergeben sich also durch die kundennahe Leistungserstellung oft die Möglichkeiten, durch Qualität eine kundenorientierte Abgrenzung zum restlichen Markt zu erreichen und dadurch nicht zuletzt auch längere Kundenbeziehungen aufbauen und halten zu können. Das Gewinnen von Informationen zugunsten einer optimalen Differenzierung bzw. Qualitätsoptimierung ist durch die Nähe zum Kunden im Dienstleistungssektor sogar schneller und einfacher zu bewerkstelligen als in der materiellen Produktion (vgl. Kaiser 2005: S. 115).

Die Entscheidung für die Strategie der Differenzierung beantwortet jedoch noch nicht alle Fragen, und insbesondere die strategische Wahl der eigenen Schwerpunkte der Unternehmenstätigkeit sollte bestmöglich gefällt werden. Nach Festlegung der Prioritäten wiederum ist die Ausrichtung der unterstützenden Konzepte und Methoden eher administrativer Natur.

Obschon die Anzahl der Qualitätsdimensionen für Dienstleistungen in der vorangegangenen Untersuchung dieser Arbeit auf neun angestiegen ist, bedarf es aus strategischer Sicht an dieser Stelle keiner exakten Priorisierung sämtlicher Dimensionen untereinander, welche folglich nicht mehr variabel anpassbar wäre. Eher ist es hier sinnvoll, Gemeinsamkeiten über die einzelnen Aspekte hinaus ausfindig zu machen und demgemäß eine Gruppierung vorzunehmen. So fällt bei Betrachtung der Auflistung auf Seite 21 auf, dass neben dem *Gebrauchsnutzen* als

Dienstleistung im engerem Sinne, die restlichen acht Begriffe zu zwei schlüssigen Gruppen mit jeweils vier enthaltenen Begriffen zusammengeführt werden können.

Während die Faktoren *Einfühlungsvermögen*, *Kundenfreundlichkeit*, *Leistungskompetenz* und *Kundendienst* allesamt in ihrer Wahrnehmung vom individuellen Kunden abhängig sind und alleine durch diesen beurteilt werden, entsprechen die Dimensionen *Ausstattung*, *Qualitätsimage*, *Äußeres Erscheinungsbild* und *Normgerechtigkeit* objektiven Fakten bzw. lassen sich in ihrer Wahrnehmung bei der Kundschaft leichter aufgrund von Stichproben auf die zugrundeliegende Grundgesamtheit herleiten. Eine entsprechende Bezeichnung der Gruppen in *individuelle* und *allgemeine* Dimensionen erscheint daher sinnvoll und wird somit festgehalten.

Strategisch bleibt es nun zu bewerten, welche Reihenfolge zwischen Gebrauchsnutzen und den beiden Gruppen vorteilhaft erscheint, um mit einer davon abgeleiteten Ausrichtung des Qualitätsmanagements den angestrebten Unternehmenserfolg bestmöglich unterstützen zu können.

Da der Gebrauchsnutzen einer Dienstleistung und überhaupt eines jeden Produkts den inneren Kern der Leistungserstellung widerspiegelt, ist es fast schon unnötig zu betonen, dass dieser bei jeder strategischen und operativen Überlegung an erster Stelle stehen *muss*, da er gleichermaßen Daseinsberechtigung wie auch den kritischen Anteil eines Produkts darstellt. Nicht ganz so deutlich ist dagegen die Schwerpunktbildung unterhalb der beiden Dimensionsgruppen, da hier eine logische Lösung wie beim Gebrauchsnutzen nicht vorzuliegen scheint. Im Gegenteil lassen sich sowohl für die Betonung der einzelnen Kundenbeziehung als auch für das Produkt an sich genügend Argumente finden. Es beruhigt immerhin, dass eine Wahl zwischen zwei komplementären Zielen in der Regel einfacher zu fällen ist, als zwischen konkurrierenden Absichten, da bei dieser Entscheidung in jedem Fall eine qualitative Steigerung des Produkts angestrebt wird und die Möglichkeiten nicht etwa im Kontrast zueinander stehen, wie z.B. bei den Strategietypen.

Doch ähnlich der vorangegangenen Argumentation wird in dieser Arbeit erneut die kundennahe Verrichtung einer Dienstleistungsproduktion als ausschlaggebend *für* die Betonung der individuellen Qualitätsdimensionen gesehen. Der frühere amerikanische Präsident George Bush äußerte sich vor über 15 Jahren bei der Verleihung eines Qualitätspreises bereits wie folgt zu der Bedeutung von Kundenwahrnehmung und - zufriedenheit: *„In business, there is only one definition of quality - the customer's definition. With the fierce competition of the international market, quality means survival."* (vgl. Kaiser 2005: S. 10).

Obschon Kundenzufriedenheit bereits als wesentlicher Faktor im Marktgeschehen anerkannt ist und auch im Total Quality Management zur Überprüfung der Kundenorientierung eines Unter-

nehmens im Bereich des Möglichen genutzt wird, ist die theoretische und empirische Erschließung dieses Bereiches noch nicht weit fortgeschritten und wurde erst seit der Jahrtausendwende öfters Gegenstand von Publikationen, in welchen die Zusammenhänge zwischen Erwartungen und Wahrnehmungen des Kunden, Produktqualität und schließlich der Kundenzufriedenheit wissenschaftlich erschlossen werden (vgl. Erbel 2003: S. 7).

Nicht zuletzt die wissenschaftliche Diskussion, ob Kundenbeziehungen sogar als Ressource eines Unternehmens betrachtet werden können - insbesondere wenn die vorhandene oder nicht vorhandene Zufriedenheit der Kunden und deren Resonanz als Inputfaktor für weitere Produktion und Entwicklung betrachtet wird - zeigt deutlich das Potenzial einer kundenorientierten Unternehmensführung (vgl. Dresch 2009: S. 59ff.). Dementsprechend ist es zu vermuten, dass bei einer hohen Ausprägung der individuellen kundenbezogenen Qualitätsdimensionen und entsprechender Nutzung daraus resultierender Vorteile, eine Verbesserung der Gruppe allgemeiner Qualitätsdimensionen wie von selbst und vor allem nachhaltig durchaus möglich erscheint.

3.3 Dienstleistungsspezifische Anforderungen

Nachdem in den vorangegangenen Kapiteln die qualitativen Eigenschaften des Dienstleistungsprodukts erfasst, gruppiert und priorisiert worden sind, soll nun untersucht werden, welchen Anforderungen ein Qualitätsmanagementsystem genügen muss, um im Sinne der strategischen Zielsetzung des Unternehmens Verbesserungsmöglichkeiten in der Produktqualität zunächst erkennen und schließlich auch in der Optimierung unterstützen zu können.

Bruhn nennt als Voraussetzungen für eine erfolgreiche Umsetzung eines Qualitätsmanagements für Dienstleistungen zehn Prinzipien, welche nicht nur die Besonderheiten bei Dienstleistungen berücksichtigen, sondern alle Erfordernisse für eine systematische Entwicklung inkludieren. Die *10 Ks* umfassen dabei *Kundenorientierung, Konsequenz, Konkurrenzabgrenzung, Konsistenz, Kongruenz, Koordination, Kommunikation, Komplettheit, Kontinuität* und *Kosten-Nutzen-Orientierung*, welche allesamt zu beachten sind (vgl. Bruhn 2009: S. 215). Ob das einheitliche Erscheinungsbild der Prinzipien der Einprägsamkeit dienlich ist, wird hier nicht beurteilt.

Während die Prämissen *Konkurrenzabgrenzung* und *Komplettheit* bzw. *Konsistenz* die bereits behandelten Grundsätze der *Differenzierungsstrategie* und des Qualitätsmanagements als *umfassenden* bzw. *einheitlichen* Leitfaden für das gesamte Unternehmen repräsentieren und man

sich für die Umsetzung geeigneter interner *Kommunikation* und *Koordination* bedient, konzentrieren sich die Mehrheit der anderen Prämissen im Wesentlichen auf das Mitarbeiter- und Führungsverhalten, sowie auf die *Kundenorientierung* als zentrale Maxime sämtlicher Aktivitäten. Dabei bezieht sich die *Konsequenz* auf die Übertragung der Qualitätsbestrebungen auf das Verhalten *sämtlicher* Unternehmensmitglieder, welches gemäß der *Kongruenz* ein in sich *konformes* Bild an den Kunden weitergeben soll (vgl. Bruhn 2009: S. 216ff.).

Die *Kontinuität* ist nicht mit der starren Beibehaltung eines Status quo zu verwechseln, sondern verlangt im Gegenteil eine mittel- bis langfristige Ausrichtung der Instrumente und Methoden, welche auch die Möglichkeiten zur Weiterentwicklung enthalten bzw. gezielt fördern sollen. Das Prinzip *Kosten-Nutzen-Orientierung* setzt das obere Limit aller Bemühungen im Rahmen einer wirtschaftlichen Effizienzvorgabe. Da Qualität weiterhin einen Wettbewerbsfaktor darstellt und sämtliche Bemühungen der Optimierung in der letzten Instanz der Verbesserung der Marktposition gewidmet sind, ist der Entwicklung und Gestaltung der Qualitätssicherung im Unternehmen eine natürliche, finanzielle Grenze gesetzt (vgl. Bruhn 2009: S. 219f.).

Die Prämissen sind zwar nach Bruhn allesamt zu *erfüllen*, doch dies bedeutet nicht, dass es sich deswegen zwangsläufig nur um boolesche Variablen handelt. Stattdessen entsprechen diese Größen in ihrer Komplexität viel mehr der Realität, die sie abbilden. So ist es wieder in der Zuständigkeit des Entscheiders abzuwägen, in welchem Bereich er seine Schwerpunkte setzt. Analog zu den vorangegangen strategischen Überlegungen wird an dieser Stelle die Meinung vertreten, freie Kapazitäten möglichst in den Ausbau und Sättigung der Bereiche Kundenorientierung und Kongruenz einfließen zu lassen, um so die Möglichkeiten positiver Nebenerscheinungen und Synergie-Effekte maximal auszuschöpfen. Zwar sind ein Großteil der genannten Prinzipien bereits direkt oder indirekt mit der Kundenorientierung und -zufriedenheit verknüpft, jedoch ist dies bereits ein Vorteil der dienstleistungsspezifischen Betrachtung Bruhns und leider *keine* allgegenwärtige Eigenschaft von Qualitätskonzepten. An dieser Stelle sind die genannten Voraussetzungen jedoch noch in Mittel- und Zweckprinzipien unterteilbar. Die deutliche Überzahl sind daher nur als unterstützende Kräfte zu sehen, welche die Hauptmerkmale Kundenorientierung und Kundenbegegnung durch Mitarbeiter bestmöglich begünstigen sollen.

Nach Ausführen der Anforderungen sollen nun im nächsten Unterkapitel die genannten Kernbereiche *Kunde* und *Mitarbeiter* stellvertretend für alle Optimierungsmöglichkeiten näher betrachtet und konkrete Möglichkeiten einer zweckmäßigen Erweiterung aufgezeigt werden.

3.4 Optimierungsmöglichkeiten

Die Gruppen der Mitarbeiter und Kunden, die aufgrund der bisherigen Untersuchung nun als mögliche Schwerpunkte konzeptioneller und operativer Bestrebungen in Frage kommen, ähneln sich auf den ersten Blick nicht unbedingt. Trotzdem erstaunt es auch nicht, wenn bei einer Verbesserung der Umstände einer Seite der Dienstleistungsbegegnung, die gegenüberliegende Seite ebenfalls davon profitiert. Diese Vermutung wird durch das *Service-Profit-Chain-Modell* bestätigt, welches eine kausale Verkettung der Mitarbeiter- und Kundenzufriedenheit über die Zwischenstufe *Servicewert* empirisch nachweist (vgl. Höck 2005: S. 179f.). Demnach ist die innere Qualität eines Unternehmens für die Mitarbeiterzufriedenheit ausschlaggebend, welche indirekt über eine gesteigerte Effizienz der Mitarbeiter und eine niedrigere Personalfluktuation Auswirkungen auf die Kundensicht der Servicequalität hat. Zu ähnlichen Ergebnissen führt auch das *triadische Modell*, welche die Rolle der Unternehmensleitung noch zusätzlich integriert (vgl. Erbel 2003: S. 33f.). Die gesteigerte Kundenzufriedenheit führt indes zu der beabsichtigen Wirkung einer längeren und kostengünstigeren Kundenbeziehung, steigenden Umsätzen und letztlich auch zu einer höheren Rentabilität, welche jedoch durch Carry-over-Effekte zeitlich nach hinten verschleppt auftreten kann (vgl. Höck 2005: S. 180).

Bevor also Überlegungen angestellt werden können, wie das Unternehmen einen zufriedenen Kunden als *Prosumer* (Producer & Consumer) sinnvoll in den Produktionsprozess (Entwicklung, Vorkombination oder Endkombination) durch einen gesteigerten Informationstransfer einbinden kann, muss die innere Qualität als Startvoraussetzung für diesen Optimierungskreislauf zuerst sichergestellt werden (vgl. Dresch 2009: S. 60ff.). Erst dann ist die Überlegung sinnvoll, wie ein derartiger Informationsfluss vom Kunden zum Unternehmen gestaltet werden kann.

Um die Zufriedenheit der Mitarbeiter gewährleisten zu können, muss die Unternehmensführung folgende fünf Teilkomponenten der Zufriedenheit sicherstellen (vgl. Haller 2001: S. 224).

- *Zufriedenheit mit den Kollegen*

- *Zufriedenheit mit den Vorgesetzten*

- *Zufriedenheit mit der Tätigkeit*

- *Zufriedenheit mit den Aufstiegsperspektiven*

- *Zufriedenheit mit der Entlohnung*

Es wird also deutlich, dass ein monetäres Anreizsystem für die Mitarbeiterzufriedenheit *nicht* ausreicht, sondern vor allem die sozialen Verbindungen in der vertikalen und horizontalen Unternehmensrichtung, sowie die berufliche Tätigkeit an sich mit daran verknüpften Entwicklungsperspektiven besonders entscheidend für das Wohlbefinden der Mitarbeiter sein können.

Da eine rein extrinsische Herangehensweise für die Herstellung der Mitarbeiterzufriedenheit nur mäßigen Erfolg verspricht und gerade im Bereich der sozialen Kontakte mitunter an die Grenzen des Möglichen stößt, empfiehlt es sich umso mehr bereits in der Personalpolitik eine qualitätsorientierte Auswahl der Mitarbeiter anzustreben, in welcher neber der fachlichen Expertise auch soziale Kompetenzen und kommunikative Fähigkeiten für den zwischenmenschlichen Bereich betont werden, insbesondere wenn der Mitarbeiter nicht nur im Hintergrund tätig ist, sondern mit Kunden in Kontakt tritt (vgl. Bruhn 2009: S. 311f. u. Haller 2001: S. 223ff.).

Neben einer richtigen Auswahl der Mitarbeiter bei der Einstellung sind auch qualitätsorientierte Bestrebungen in der Mitarbeiterführung von Bedeutung, um einerseits dem Anspruch einer kontinuierlichen Verbesserung der Qualifikationen gerecht zu werden, aber auch um durch eine langfristige Zufriedenheit der Belegschaft die Fluktuationsrate und daraus resultierende Negativeffekte gering zu halten. Die Möglichkeiten für eine Zufriedenstellung der Belegschaft sind sehr vielfältig und nicht auf materielle oder finanzielle Anreize beschränkt (vgl. Haller 2001: S. 225, 235f.). Hier die richtigen Entscheidungen zu treffen und sich ggf. auch in kleinen Schritten einer optimalen Lösung annähern, sollte besonders in Dienstleistungsunternehmen, in welchen sich die Mitarbeiterzufriedenheit wesentlich deutlicher auf den Umsatz des Unternehmens auswirkt als in der Sachgüterindustrie, oberstes Ziel des Qualitätsmanagements sein.

Während bei der Motivation der Mitarbeiter einem Unternehmen im Wesentlichen aktive Anreizsysteme zur Verfügung stehen, ist die Auswahl geeigneter Mittel im entsprechendem Abnehmerkreis mindestens eingeschränkt, wenn nicht sogar deutlich limitiert für eine direkte Einflussnahme und die Unterstützung eigener Interessen. Spätestens beim Versuch Informationen im Sinne konstruktiver Kritik als Inputfaktor für die Produktion bzw. Entwicklung vom Kunden zu erhalten, sind die legalen Möglichkeiten dazu in der passiven Aufnahmebereitschaft nahezu erschöpft. Umso verwerflicher ist es, wenn Unternehmen sogar freiwillig entgegengebrachte Informationen nicht adäquat auswerten und die notwendigen Konsequenzen für eine Qualitätssteigerung nicht herbeiführen (für den sinnvollen Einsatz eines *Beschwerdemanagements* zur Qualitätssicherung siehe Zollondz 2001: S. 59ff.).

Hier soll die Betrachtung jedoch auf eine mögliche Datenerhebung einer großen Stichprobe von Kunden gelenkt werden, welche durch Freigabe signifikanter Informationen Rückschlüsse auf

3.4. OPTIMIERUNGSMÖGLICHKEITEN

die Grundgesamtheit der Kundschaft zulässt und somit Produkte und Qualität optimal auf den Kunden ausgerichtet werden können. Während im öffentlichen Bildungswesen Deutschlands die Methodik der Evaluation als geeignetes Verfahren für eine derartige Datenerfassung schon seit den 60er Jahren in der Diskussion ist und mittlerweile die Hochschullandschaft erobert hat (vgl. Bülow-Schramm 2006: S. 20f.), fällt im Alltag der freien Marktwirtschaft eine derartige Entwicklung nicht im Ansatz auf, obgleich die Bereitschaft der Kunden zu vermuten wäre.

Evaluation ist das praktische Pendant zur wissenschaftlichen Theorie und somit die ideale Möglichkeit, Differenzen und Missverständnisse zwischen den F&E-Abteilungen der Unternehmen und den finalen Anwendern der Produkte aufzudecken, zu analysieren und schließlich zu beseitigen. Dabei ist die Wahl der Erhebungsinstrumente dank einer Auswahl zwischen Fragebögen, Beobachtung, Gesprächen, Checklisten uvm. breit gefächert genug, um entsprechende Rückschlüsse auf die Kundenwahrnehmung ziehen zu können (vgl. Kempfert/Rolff 2005: S. 99ff.).

Eine systematische und adäquate Durchführung, die eine in Größe und Zusammensetzung repräsentative Stichprobe erfordert, Auswertung der erzielten Ergebnisse sowie Überführung in erstrebenswerte Ziele entsprechen einem ungleich höhern Arbeitsaufwand als eine eindimensionale Verbesserung eines Produkts oder eines Produktionsablaufs. Damit hebt sich eine solche Form qualitätsbedachter Bestrebungen vom ursprünglichen Qualitätsmanagment insofern ab, dass nicht nur bestehende Prozesse optimiert werden, sondern ein neuer Unterstützungsprozess in das Unternehmen eingeführt wird. Während bei Geschäftsprozessoptimierungen also neben Qualitätssteigerungen oft auch eine Effizienzsteigerung durch verringten Input möglich ist, ergibt sich aus Maßnahmen zur Steigerung der Kundenorientierung oft ein deutlich größerer Mehraufwand an Kosten und Personal, welcher mit Umsatzsteigerungen aufzuwiegen ist.

Dies waren nur zwei Beispiele für mögliche Optimierungen mit einem überproportionalen Verbesserungspotenzial. Da beide Möglichkeiten - sowohl die Kunden- als auch die Mitarbeiterzufriedenheit - im Kern auf einen Informationszuwachs abzielen, der in der Beurteilung der Unternehmenstätigkeit vom Management zielgerichtet genutzt werden kann, ist jede Maßnahme zu begrüßen, die zu einer Öffnung und Mitteilung der teilnehmenden Akteure führt.

Andere Optimierungsmöglichkeiten sind allgemein nur sehr schwer zu formulieren, da nur eine endliche Anzahl allgemein auf den Dienstleistungssektor in seiner Gesamtheit angewendet werden kann. Bei der weiteren Suche nach Verbesserungspotenzialen nimmt die Notwendigkeit einer Anpassung an besondere Eigenschaften der einzelnen Branchen zu und muss deswegen jeweils differenziert betrachtet werden. Mit dem Verhältnis zum Kunden wurde an dieser Stelle

jedoch der richtige Schwerpunkt gesetzt, um die für einen Dienstleistungsvertrag ausschlaggebenden Einflußfaktoren weitmöglichst abzudecken. Da im Dienstleistungsbereich seltener langfristige Verträge abgeschlossen werden wie etwa im Warenkreislauf der Sachgüterindustrie, ist
eine immer wieder von Neuem positiv gestaltete Dienstleistungsbegegnung anzustreben, in der
den genannten konzeptionellen Überlegungen Rechnung getragen wird.

Damit Nutzen und Kosten von Qualitätsbestrebungen jedoch nicht in die Unwirtschaftlichkeit
abgleiten, sind entsprechende Überwachung und kontinuierliche Anpassung sowie ggf. Neu-
ausrichtung der Maßnahmen ebenfalls wichtige Bestandteile eines funktionierenden Qualitätsmanagementsystems, welche im letzten Unterkapitel erläutert werden.

3.5 Umsetzung und Controlling

Die strategische Ausrichtung eines Unternehmens wurde bereits als Basis jedweder Bestrebungen für eine höhere Produktqualität identifiziert. Sie umfasst *strategische Qualitätsposition*,
Qualitätsstrategie, *Qualitätsgrundsätze* und *Qualitätsziele*, welche entsprechend festgelegt und
ausformuliert werden müssen (vgl. Meffert/Bruhn 2009: S. 217ff.). Während solche Entscheidungen in der Regel vom höheren Management gefällt werden ist die Umsetzung entsprechender Beschlüsse im operativen Bereich meist Aufgabe nachgeordneter Führungsebenen. Auch
hier werden einzelne Phasen durchlaufen, welche das eigentliche Management der Qualität aus-
machen. Diese umfassen *Qualitätsplanung*, *Qualitätslenkung*, *Qualitätsprüfung* und *Qualitäts-
managementdarlegung*, welche als Regelkreis eine kontinuierliche Verbesserung der gesteckten
Qualitätsziele gewährleisten sollen (vgl. Bruhn 2009: S. 279). Durch mögliche Komplexität der
Maßnahmen und die zusätzliche Arbeitsbelastung des Personals, ist ein reibungsloser Ablauf
dieser Anstrengungen jedoch nicht garantiert, sodass neben diesen klaren Einführungsstrategi-
en auch entsprechende Kontrollmechanismen zu beachten und festzulegen sind.

Ein Qualitätsmanagement ohne Kontroll- und Anpassmöglichkeiten würde der Gefahr unter-
laufen, aufgrund interner oder externer Entwicklungen an Effizienz einzubüßen, sodass der Ge-
genwert der laufenden Kosten und Bestrebungen verloren zu gehen droht. Unter dem Begriff
des *Qualitätscontrollings* werden deswegen die Funktionen der *Koordination*, *Informationsver-
sorgung*, *Planung* und *Kontrolle* zusammengefasst, die ein permanentes Monitoring der Qualitätsbestrebungen ermöglichen sollen und auf Grundlage neuer Erkenntnisse für die Justierung
der Maßnahmen, Instrumente und Methoden zu verwenden sind (vgl. Bruhn 2009: S. 464ff.).

3.5. UMSETZUNG UND CONTROLLING

Dies umfasst neben den Erkenntnissen aus den laufenden Qualitätsverbesserungen nach dem Regelkreis auch zusätzlich gewonnene Information über die Umweltbedingungen.

Angesichts dieser vielfältigen Aufgaben, die mit der Analyse, Planung, Einführung und Kontrolle von Qualitätsmanagementsystemen verbunden sind, wäre gerade in Anbetracht des strategischen Interesses der Qualitätsorientierung in Dienstleistungsunternehmen denkbar, entsprechende Organe im Unternehmen zu schaffen, welche ausschließlich und spezialisiert die geeignete Betreuung und Koordination der vom Produktionsprozess unabhängigen Maßnahmen sicherstellen, und den restlichen Abteilungen im Unternehmen unterstützend bzw. zuarbeitend die Konzentration auf eigene Aufgabenbereiche zulassen. Eine solche Spezialisierung wäre angesichts der Entwicklungspotenziale, welche bei Vernachlässigung verloren gehen könnten, bereits bei kleinen und mittelgroßen Unternehmen zu empfehlen. Eine Übernahme dieser Angelegenheiten durch das unternehmensinterne Controlling kann aus den gleichen Gründen nur bei entsprechender personeller und struktureller Aufstockung, sowie dem Durchführen notwendiger Schulungen zur Mitarbeiterqualifikation befürwortet werden.

Alles in allem wird deutlich, dass neben der theoretischen Auseinandersetzung mit der Unternehmensausrichtung, Rahmenbegingungen und resultierenden Zielvorstellungen vor allem die Art und Weise der praktischen Umsetzung einen kritischen Prozess im Qualitätsmanagement ausmacht. Die Gefahr der Verwässerung, sowie Effizienz- und Effektivitätsverlust drohen aus sämtlichen guten Vorsätzen der Unternehmensleitung kostenintensive und untransparente Bürokratie entstehen zu lassen, bei welcher die Qualität vergessen wird. Zum Ende dieses Kapitels wird deswegen erneut betont, dass neben dem eigentlichen Erkennen von Optimierungsmöglichkeiten im Produktionsprozess besonders die systematische Umsetzung und Begleitung für Erfolg oder Misserfolg mitverantwortlich ist und somit berücksichtigt werden muss.

Mit diesen Ausführungen wurden die praktischen Umsetzungsmöglichkeiten eines Qualitätsmanagements im Dienstleistungsbereich erörtert. Wohlwissend, dass im vorgegebenen Rahmen nur konzeptionelle Grundlagen möglich waren, dienen die aufgeführten Vorgehensweisen als Ausgangspunkt für weitere Überlegungen, welche von detaillierteren Arbeiten aufgegriffen werden können, um weitere branchenabhängige Optimierungsmöglichkeiten und entsprechende Besonderheiten aufzuzeigen; diese Arbeit sollte erste Ansätze und Gedanken dafür liefern.

4 Fazit

Ausgangspunkt dieser Arbeit war das Aufzeigen der vorliegenden Problematik und die Aufstellung der zentralen Forschungsfragen, um diese anschließend schrittweise zu untersuchen. Nach der Einführung grundlegender Begriffe der Thematik und der Erläuterung geschichtlicher Zusammenhänge und Entwicklung des Qualitätsbewusstseins in der Betriebswirtschaftslehre, war der Schwerpunkt im Theorieteil die deutliche Abgrenzung der klassischen Sachgüter zu den Dienstleistungsprodukten. Dies war die Voraussetzung für die anknüpfende Argumentation, weshalb eine unterschiedliche Schwerpunktsetzung in der Ausrichtung eines Unternehmens sinnvoll oder gar zwingend notwendig erscheint.

Die Eigenschaft, dass eine Dienstleistungsproduktion ohne unternehmensinterne Rohstoffe abläuft, sondern die Produktion am Kunden selbst und seinen Gütern stattfindet, ist nicht nur deswegen von besonderer Bedeutung, da der Produktionsprozess per se nicht mit gewöhnlicher Güterproduktion zu vergleichen ist (*Uno-Actu-Prinzip*, keine Produktion auf Vorrat, die Immaterialität selbst, etc.), sondern vor allem weil unter diesen Umständen die Beziehung zum Kunden einer völlig neuwertigen Betrachtung und Bewertung bedarf. Während bei den meisten Gütern für den breiten Markt die eigentliche Kunden*begegnung* auf den finalen Austauschprozess in gewisser Weise begrenzt ist, nimmt der Kunde bei einer Dienstleistungsbegegnung von vornherein an der Leistungserstellung teil und bildet sich somit sein Urteil von Beginn an.

Darüber hinaus wurden im Theorieteil die weiteren Charakteristika von Dienstleistungen hinreichend erörtert, welche ebenfalls bei weiteren Überlegungen zu berücksichtigen waren. Nach dem hier vertretenen Betrachtungswinkel erscheint die geleistete wissenschaftliche Arbeit in diesem Bereich der Literatur durchaus als sehr umfassend und im Wesentlichen vollständig. Der nächste Schritt in der kompletten theoretischen Erschließung des Dienstleistungssektors sollte jedoch in einer einheitlichen Begrifflichkeit und auch in einer darauf aufbauenden barrierefreien Übersetzbarkeit münden, um so das bisherige Wissen besser verknüpfen und entsprechend effizienter und in eine gemeinsame Richtung weiter aufbauen zu können.

Das praktische Ziel dieser Arbeit bestand darin, hinsichtlich der erfolgten Abgrenzung der Dienstleistungsprodukte mit allen Besonderheiten und Unterschieden zu der klassischen Betrachtung von wirtschaftlicher Produktion, ein geeignetes und brauchbares Konzept für ein Qualitätsmanagement für diese Art von Produkten zu entwickeln. Obschon für diese Zielvorstellung tatsächlich bis in die heutige Zeit reichend eine - relativ betrachtet - überdimensionale Marktlücke in der theoretischen Auseinandersetzung vorliegt, wäre es falsch gewesen, die mittlerweile hundertjährige Entwicklung des Qualitätsbewusstseins, der Qualitätssicherung und - kontrolle, sowie die aktuellen Qualitätsmanagementsysteme auszublenden und die entsprechende Verbreitung und Erfahrung dieser Anteile in der Unternehmenslandschaft zu ignorieren.

Deswegen lag die Maxime nahe, die sich aus der Untersuchung ergebenden konzeptionellen Überlegungen so in Bausteine und Handlungsanweisungen zu überführen, dass eine praktische Anwendung ohne grundlegende Neustrukturierung des Unternehmens - aufbauend auf bisherigen Lösungen durch entsprechende Ergänzung und Schwerpunktverschiebung - möglich sein sollte. Dies ist nicht zuletzt auch deswegen sinnvoll, da viele Segmente von Qualitätsmanagementsystemen bei allen betriebswirtschaftlichen Produktionsarten gleichermaßen von Bedeutung sind und für eine Anpassung so gar kein Bedarf besteht. Anders als bei dem Konstrukt *Kundenzufriedenheit* und dem Einfluss des Produktionsfaktors *Mitarbeiter*. Hier wurden an dieser Stelle zwar nicht die einzigen, doch aber deutlichsten Verbesserungspotenziale eines Dienstleistungsunternehmens erkannt und dementsprechend der Fokus dieser Arbeit hier ausgeprägt. Dem wurde insofern nachgekommen, dass die beiden angesprochenen Schwerpunkte in den Möglichkeiten des vorgegebenen Rahmens analysiert und die vorangegangen strategischen Überlegungen der Qualität mit operativen Möglichkeiten angemessen ausgefüllt wurden.

Unabhängig von der Produktsparte eines Unternehmens bleiben jedoch die grundlegenden Funktionen um ein Qualitätsmanagementsystem stets gleich. Die Herangehensweise, um Verbesserungspotenziale zu erkennen bzw. diese anschließend angemessen umzusetzen und mit Inhalt zu füllen, ist im Ablauf stets gleich und entspricht in seinem Ursprung einem Problemlösungsprozess nach Deming. Aktuell eingesetzte Qualitätsmanagementsysteme erfüllen diese Art der Administration sehr gut und suggerieren bereits heute Ansätze, welche für eine unternehmensweite Integration des Qualitätsdenkens stehen und auf diese Weise oft erfolgreich von den Mitarbeitern angenommen werden. Damit beschränkt sich die wesentliche Aufgabe der Dienstleistungsunternehmen nur noch in der sinnvollen Anpassung und Ergänzung dieser Systeme, die für eine Nutzung grundsätzlich zu empfehlen sind. Auch in Zukunft wird sich diese Situation für den Dienstleistungssektor in seiner Gesamtheit nicht ändern, da die Vielfältigkeit der Produkte in diesem Sektor keine genaueren Konzepte zulässt und bestenfalls Branchenlösungen, wie etwa im erwähnten Arztpraxenbereich, angeboten werden. Am erfolgversprechendsten wird jedoch an dieser Stelle die *Orientierung* direkt am *Kunden* betrachtet, da die Unternehmen hier in der Regel die Kaufentscheidung beeinflußen und somit beim Kaufentscheider selbst auf *Gefallen* oder *Missfallen* prüfen und dementsprechend *Maßnahmen* ergreifen können.

Literaturverzeichnis

[01] F.A. BROCKHAUS (1990): *Brockhaus Enzyklopädie*. 19. Auflage, Mannheim.

[02] BRUHN, M. (2009): *Qualitätsmanagement für Dienstleistungen*. 7. Auflage, Berlin.

[03] BÜLOW-SCHRAMM, M. (2006): *Qualitätsmanagement in Bildungseinrichtung*. Münster.

[04] CORSTEN, H. (2007): *Dienstleistungsmanagement*. 5. Auflage, München.

[05] DRESCH, K. (2009): *Wettbewerbsstrategien für Dienstleistungsunternehmen*. 1. Auflage, Clausthal-Zellerfeld.

[06] DEUTSCHES INSTITUT FÜR NORMUNG (2005): *Qualitätsmanagementsysteme - Grundlagen und Begriffe (ISO 9000:2005)*. Brüssel.

[07] ERBEL, C. (2003): *Qualitätssicherung von Dienstleistungsbegegnungen*. Wiesbaden.

[08] GARVIN, D. (1988): *Die acht Dimensionen der Produktqualität*. In: Harvardmanager, 10 (3): S. 66-74.

[09] HALLER, S. (2001): *Dienstleistungsmanagement*. Wiesbaden.

[10] HÖCK, M. (2005): *Dienstleistungsmanagement aus produktionswirtschaftlicher Sicht*. Wiesbaden.

[11] KAISER, M.-O. (2005): *Erfolgsfaktor Kundenzufriedenheit*. 2. Auflage, Berlin.

[12] KAMISKE, G. / BRAUER, J.-P. (2007): *Qualitätsmanagement von A bis Z*. 6. Auflage, München.

[13] KEMPFERT, G. / ROLFF, H.-G. (2005): *Qualität und Evaluation*. 4. Auflage, Weinheim.

[14] KOSTKA, C. / KOSTKA, S. (2007): *Der Kontinuierliche Verbesserungsprozess*. 3. Auflage, München.

[15] MALERI, R. / FRIETZSCHE, U. (2008): *Grundlagen der Dienstleistungsproduktion*. 5. Auflage, Berlin.

[16] MASING, W. / PFEIFER, T. / SCHMITT, R. (2007): *Handbuch Qualitätsmanagement*. 5. Auflage, München.

[17] MEFFERT, H. / BRUHN, M. (2009): *Dienstleistungsmarketing*. 6. Auflage, Wiesbaden.

[18] OESS, A. (1991): *Total Quality Management*. 2. Auflage, Wiesbaden.

[19] PFEIFER, T. (2001): *Qualitätsmanagement*. 3. Auflage, Wien.

[20] PORTER, M. (2008): *Wettbewerbsstrategie*. 11. Auflage, Frankfurt a.M..

[21] RÜCK, H. (2000): *Dienstleistungen in der ökonomischen Theorie*. Wiesbaden.

[22] SCHMIDT, K. (2007): *Mystery Shopping*. Wiesbaden.

[23] STIFTUNG WARENTEST (2009): *Qualität verordnet*. In: Stiftung Warentest, November 2009, S. 86-89.

[24] TIMISCHL, W. (2007): *Qualitätssicherung*. 3. Auflage, München.

[25] TÖPFER, A. (2004): *Six Sigma*. 3. Auflage, Heidelberg.

[26] WÖHE, G. (2002): *Einführung in die Allgemeine Betriebswirtschaftslehre*. 21. Auflage, München.

[27] ZOLLONDZ, H. (2001): *Lexikon Qualitätsmanagement*. München.

[28] ZOLLONDZ, H. (2006): *Grundlagen Qualitätsmanagement*. 2. Auflage, München.